CCTV
52集大型动画系列片

THE LEGEND OF NEZHA

哪吒传奇

3

童趣出版有限公司编   人民邮电出版社出版

哪吒：天生具有神奇的力量，勇敢善良，活泼好动，
　　　性子急，在成长的过程中历经磨难。

石矶：邪恶的大魔头，
　　　妖气十足，一直
　　　躲在骷髅山里，妄
　　　图统治全世界，是
　　　哪吒最大的敌人。

龙王：
东海龙王，脾气暴
因爱子心切，不惜
淹陈塘关，逼死
真相大白后，和哪
一起与石矶大战。

妲己：本是九尾狐狸精，
　　　后成为纣王
　　　的爱妃。

李靖：陈塘关总兵，哪吒的父亲
　　　对哪吒的要求十分严格。

太乙真人：
哪吒的师父，
善良可敬，
有点忙忙叨叨的。

小龙女：东海龙王的女儿，
　　　精灵古怪，是哪
　　　吒的好朋友。

申公豹：
纣王的大国师，
是石矶的徒弟，
学了点三脚猫
的功夫，同时
也是石矶的出

哪吒传奇

第11集

哎哟，好大的狂风闪电，莫非是那孽障又出什么事了……

李靖，你给我出来！

大神亲临，有失远迎。

废话少说！李靖，快把你的儿子哪吒交出来！

不知我那逆子如何得罪了龙王？

哪吒偷走了镇海龙珠，毁了我的龙宫，打伤我的三太子，还剥了他的鳞片铠甲！

龙王，我儿子凡胎肉骨，怎能跑到东海去打闹呢？这中间一定有误会。

龙王息怒，小官实在不知那孽障跑到哪里去了？

胡说，哪吒仗着女娲娘娘赐的天下奇宝，横行霸道，胡作非为。

这么说你真的不交？

龙王息怒！龙王息怒！

我的妈呀！

好啊，你敢打我爸爸！看我不剥你的皮！

只要你交出龙珠，我立即回东海，否则，只有兵戎相见了。

我根本没拿你的龙珠，交什么？

哪吒，你先下来，听我跟你说。

你这不孝的儿子，把东西交出来。

我没拿龙珠！

李靖，好好管管你的儿子，明天正午我来收龙珠，否则别怪我不客气！

夫人，都是你平时惯的！把他关进黑屋子。

妈妈！

你的性子太急，惹了大祸，大家都要遭殃。来，妈妈替你保管吧。

这是九尾狐狸的一条尾巴！

九尾狐狸是怎么回事？

九尾狐狸的尾巴有九个叉，那是它的九条命，每丢掉一条命就会脱掉一条尾巴。

那她会死吗？

在尾巴掉光之前，她是不会死的。

这就对了，一定是这东西干的。

这一天终于还是来了。

谁？

海探报告，哪吒的宝贝已被他妈妈收起来了，现在正是机会。

立即起兵！

报！大人，不好了，龙王他、他又来了，水已经漫到城墙了！

嗒哒！

你这是干什么？不能给他！

你难道眼看那不讲理的龙王残害陈塘关百姓吗？

砰！

我李靖得罪不起龙王啊……哪吒，你怎么降生在我李家啊！

如果我儿能打掉龙王的蛮横，那就是顶天立地的男儿。

妈妈，哪吒明白！我去了！

别跑，都给我出来！

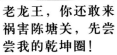

老龙王，你还敢来祸害陈塘关，先尝尝我的乾坤圈！

嗷！

哪儿去了？

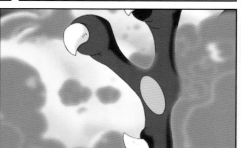

走，给我爸爸、妈妈赔礼去。

要想制服哪吒，不如大王状告到女娲娘娘那儿去，娘娘自然会为我们做主的。

有道理，有道理。

哪吒，有话好说，我服了！你别甩你手里的家伙了！

哗啦啦！

你认不认输？

别甩了，别甩了！
我都晕了。

嗯……

如果你不答应，我手里
的混天绫也不答应。

啊！别甩！好，
我答应！

你可要说
话算数，
再也不要
到我家来
找麻烦，
你走吧。

爸爸！他们退兵了！

爸爸，龙王打了你，你还要向他道歉？再说我真的是被他们冤枉的！

我的小祖宗，龙王怎会善罢甘休？今后我李靖不会安宁了！

哪吒，跪下。

我要是跪了，就等于我承认错了，我不跪。

龙王息怒！龙王息怒！

东海龙王，李靖三子哪吒对您多有得罪，请您海涵。

哪吒犯下了滔天罪孽，哪是一个道歉就可以了结的。我去找女娲娘娘，让她主持公道。

老龙王，不准你告诉女娲娘娘！

不容易呀，哪吒你也有害怕的。我先走一步了！

你是谁？来干什么？

我是小龙，前来拜见女娲娘娘。

哪吒……

就算是女娲娘娘，也会先让你给哪吒道歉的。至于你那儿子，横行霸道，应该教训。

娘娘不在，有什么事，跟我说吧。

哪吒大闹东海，把我三太子打成重伤。小神只有请娘娘来主持公道。

你这是什么话？

你快走吧。

好了，好了，你快走吧！

既然女娲娘娘不在，那小神先走了。

好笨的老龙王！还想找女娲娘娘告我的状！

哪吒传奇
第12集

哪吒！你以为我是好骗的吗？

你毁了我的龙宫，我怎能饶了你！

你不是答应我，不再找麻烦了吗？

你能把我怎样？

嘻嘻……噜噜……

好，哪吒，那你再看看这个。

哎！哎！

看圈！啊，好烫啊！

老龙王,你太欺负人了!想溜?看你能逃哪里去!

啊!

走，去向我爸爸、妈妈道歉！

好，好。可我毕竟是堂堂东海龙王，这副样子被人看见了……

我们不笑话你。

要是把别人吓坏了也不好啊，万一再把你们家的门挤破了……

那你把自己变小一点儿，然后我再带你回家。

好吧，我变，变，变！

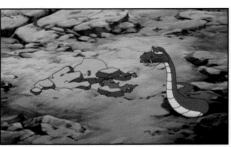

告诉妈妈，又上哪里去了？你手里拿的是什么？！

爸爸，妈妈，我回来了！

啊！哪吒？

你和爸爸一起看吧。爸爸，爸爸你看！

说吧，你又闯了什么祸。

我惹出的祸，我已经自己解决了！

胡说！你一个孩子能自己解决什么！

老龙王，你快说话呀！

爸爸，妈妈，我是要龙王跟你们赔礼道歉的，你们怎么跪下了？

龙王受惊了！

李总兵，你的儿子果然是厉害呀！

不敢当，不敢当。

你把答应我的话，当着我爸爸的面再说一遍吧！

我答应了令郎，不再来找总兵的麻烦。

还有呢？

龙珠被窃一事，我还要回海里去好好调查。

龙王，恕罪呀，恕罪呀！

好了，李总兵，该说的都说了，我要回去了。

龙王请！请！

你一夜没睡，休息一会儿吧。

我哪里睡得着，陈塘关恐怕是躲不过这一劫了。

对一个七岁的孩子如此兴师动众，会不会让人觉得……

不！绝对不能饶了他！

他偷了龙珠，还打人！

我们马上就去把他除掉。

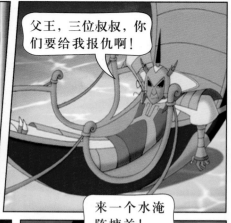

父王，三位叔叔，你们要给我报仇啊！

事不宜迟，我们立即集合兵将。

来一个水淹陈塘关！

发生了什么事？

四海龙王聚在一起，要去收拾哪吒。

龙王说要干掉哪吒，抢回龙珠，给海底报仇。

啊？！

总兵有令！今天不许出海！快回来！

今天不要种地了，快快回家吧。

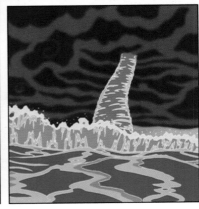

轰隆隆!

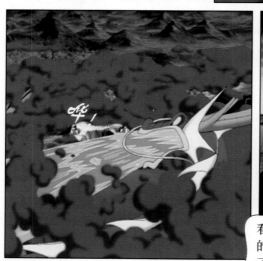

哗!

那么大的雨,你……

看好哪吒,外面的事情不要管了。回去吧!

哪吒,不好啦!老龙王发威了!

老龙王又来找茬儿了?我去教训他!

妈妈，我的混天绫和乾坤圈呢？

哪吒！你不可以再胡闹了。无论发生什么事，你都不准离开房间半步！

放我出去，放我……出去……

公主，吃饭了。

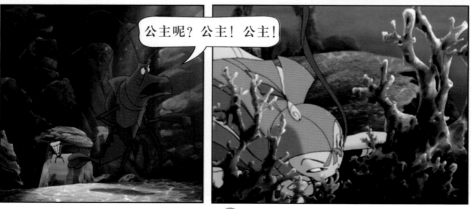

公主呢？公主！公主！

妈妈，求你了！让我去吧！是我惹的祸，让我来解决吧。

哗哗哗！

龙王，是李靖一家得罪了你，请你不要为难陈塘关的父老乡亲！

那你马上把哪吒捆起来，乖乖地交给我处置！

请龙王宽限几天，待李靖找到龙珠，带儿子向你谢罪。

你要是交不出来龙珠，我就用哪吒祭东海！

老龙王，你说话不算数，难道你就不脸红吗？

哪吒，你再敢放肆，陈塘关就变成大海了！

哪吒，退下！

你我之间的事，和陈塘关有什么关系？

龙王！他只是个孩子，龙珠丢了，我们一起想办法。

现在交不出龙珠，我就拿哪吒和陈塘关的人去祭海！

不好了！公主不见了！

一定要找到公主！

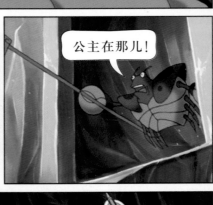

公主在那儿！

公主，你以为能跑得出去吗！

龙王，你说话不算数！那就别怪我不留情了！

妈妈，放开我！

哗！

哗！

哗！

李靖，还下不了决心吗？

公主，你怎么私自跑出来了？

龙珠不是哪吒偷的，我要赶紧去告诉父王！

请快跟我回去！

公主，跟我回龙宫吧！

哪吒是冤枉的啊！

快把公主拦住！

公主，得罪了，您就别再添乱了。

让开！你再缠着我，我可跟你不客气了！

哪吒！

哪吒去了。

哪吒！

哪吒！

龙王，我怎么能跟你去呢？我要把自己还给爸爸和妈妈！

哪吒！

哪吒是冤枉的！

你说什么？

哪吒自杀啦！

这个计划可真是天衣无缝呀！

大王，哪吒自杀了！

自杀了！这是怎么回事？

哪吒得罪了东海龙王，惹得四海龙王水淹陈塘关，为了拯救陈塘关百姓，哪吒不惜自杀以谢罪。

哼！哪吒为非作歹，偷了东海龙宫的镇海龙珠，引得……

爱妃，你怎么了！

我心口忽然疼得厉害！哎哟！

净说些不中听的事，惹
得我爱妃心口疼！

哎哟！哎哟！

退下！都退下！

这算什么线索！在
我的藏宝库里，狐狸
尾巴多着呢！

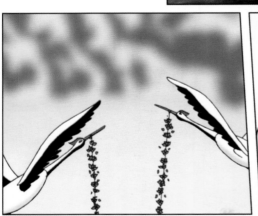

我都知道了。

这恐怕又是石矾捣的鬼。

我是太乙。

这朵莲花是女娲娘娘降下来的。

女娲娘娘!

我们都希望哪吒还活着，这个愿望就要实现了。

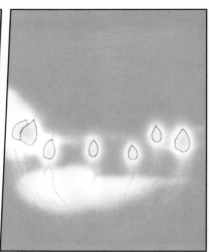

哪吒！

妈妈！

师父!

哪吒,你现在是莲花化身了。

这就是众望所归呀!

啊!

它们又可以物归原主了!

娘娘，这么急着把我叫来有什么事呀？

哪吒，他"重生"了！

"重生"？！

我们的麻烦要来了！

哪吒，东海失去了龙珠，一片凄凉，不久将变成一片死海，无数生灵无家可归……

我没拿龙珠！

妈妈相信哪吒。肯定是坏人干的。

小龙女！

你？哪吒？你怎么会……

我听到海螺声就来了呀！

可你不是已经——

哈，哪吒怎么会死呢！

不，你死了，我看见的，死的好可怜！

我不是在做梦吧！

是九尾白狐偷了龙珠！

片儿鱼？你在干什么？

那还等什么？快找老龙王去。

哪吒，等等我。

公主，大家都逃到别的海里去了。

快逃啊，哪吒来啦——

59

我不去见你父王了。

现在，最重要的是为海底找回龙珠。

那我们去找九尾狐狸？

这树林里经常有狐狸出没。

看！狐狸！

看你往哪儿跑！

我们去朝歌，抓住这个妲己。

都滚，滚！

大王息怒。

让妲己亲自为大王歌舞一曲吧。

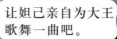

娘娘，是我，是我。

你不在朝歌好好办我的事，到这里来干什么？

哪吒，那个哪吒又来了。

哪吒真的重生了？

娘娘，你真是容光焕发啊。

我快要成功了，哈哈！

恭喜娘娘，贺喜娘娘，娘娘真是越来越漂亮了。

吸了龙珠，法力无边。一个小哪吒有什么可怕的。

你要继续迷住纣王，让他成为最恶的暴君，总有一天这个天下是我石矶的。

娘娘法力无边，小狐不怕了。

可是……哪吒就在洞外边，小狐不敢回宫。

什么？他又来了？老娘再吃几天龙珠，就会比女娲更漂亮了。

这小子又要坏我的大事。我要灭掉他！

这里肯定是石矶的老窝，龙珠一定就在里面。我们打进洞去，夺回龙珠。

管它什么咒语！我要这个魔窟在乾坤圈下变成一堆乱石。

可是，你不知道进洞的咒语呀。

再乱动，我的胡子就要断了。

别乱动，别乱动！

我正是为这件事赶来的。现在不行，先跟我回去。

师父，放开我，我要找石矶报仇。

我去看看。

小心！

哈哈！原来是两个毛孩子和太乙老儿。

石矶，你已做尽坏事，如今更是变本加厉，偷龙珠，还嫁祸哪吒。

我问你，为什么女娲高高在上，我却要在擎天柱下压一千年？

女娲并没有高高在上，她亲自创造了人类，直到现在都关心着人间的疾苦。

反而是你，天天想着如何吸食百姓的血肉，独霸天下。

你还我们东海龙珠！

噢，是小公主呀，真得谢谢你们的龙珠，让我的功力一天比一天强。

哪吒，我就再毁你一次，叫你万劫不复。

大魔头，你先别得意。

哪吒，小龙女，快去找龙珠。

哪吒，快往后退！

哼，小老儿，还有两下子。

我来对付它们。

我帮你。

69

石矶，你还敢露出真面目吗？

那你可别吓着了，哈哈哈！

嗨！

嗯，哪里去了？

走，哪吒！

骗得了我？看你能跑到哪里去。

小老儿，好好在碎石阵里呆着吧，老娘去收拾那两个小家伙。

洞里都搜遍了，可连龙珠的影子都没见着。

我再试一次。

龙珠！

小龙女，还给你。

石矶！

快去把太乙师父找来。

别去了，那老儿早已被我抓起来了。

雕虫小技。

你胡说，我才不信呢！

游戏该结束了！我叫你们死无葬身之地！

啊！不好！

呀——

小龙女！

哪吒，快走吧！

我们一起走吧！

拿着这只玉簪。我父王见到它，就不会再误解你了！

我一定会回来接你的！

哪吒虽然跑了，有你在，还愁抓不到他？

找到公主了吗？

大王千万别急，我这就去找西南北海龙王一同商议！

不急是假，急才是真！

嘘……

这就是那个惹不起的小祖宗！快去报告龙三太子！

干吗不抓住他立功？

胡说！难道大白天见鬼了不成？要真是这样，来得正好！

父王，大事不好！哪吒又来了！

哪吒！你擅闯龙宫，究竟想干什么？我们今天要跟你拼个你死我活！

别张牙舞爪的，我是来奉还龙珠的！

龙珠，真的是龙珠！

说不定公主也是你绑架的呢！

你血口喷人！

快还我妹妹！

还我女儿！

呀！

三海龙王到！

你们大家来评评理，
呜呜……

太悲惨了！
太悲惨了！

可是怎样？

是石矶盗走了龙珠，我和太乙师父、小龙女一起去要回龙珠，可是……

你有什么证据？

可惜没有成功，太乙师父被困，小龙女也被石矶抓走了！

这就是证据！

哪吒，抱歉，我误会了你！

不用道歉，救出小龙女要紧！

走！

那吒抢走了龙珠，可小龙女落在我手里。老龙王只有用龙珠才能换回女儿！

这"碎石阵"果然厉害！

用不了多久，我就是天下第一美女啦，嘻嘻！

哈哈，我明白啦！

我居然忘记了以柔克刚、水滴石穿的道理！

没想到四两拨千斤，竟然化险为夷！哈哈哈！

等会儿你父王来送龙珠，就照我教你的去讲！

哼，你休想！

大事不好！白胡子老头跑出来啦！

没想到太乙老儿还有这么一手，可恨！可恶！

区区几个龙王，何足挂齿！快交出龙珠，换回女儿，否则……

得道多助，失道寡助！大魔头，你的末日到了！

石矶，你好狠毒！难道就不怕报应吗？

大哥，别让她跑了！

少啰唆！要女儿还是要龙珠，赶快决定吧！

哈哈哈哈！雕虫小技！

唔？

哼，守财奴！我要你后悔一辈子！

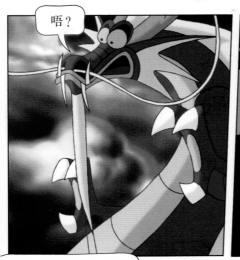

哪吒，我们缠住石矶，你赶快去救小龙女！

小龙女！你在哪儿？

哪吒！我在……

你是谁？

我是石头精灵！

原来是石头妖精，看我把你们砸个稀巴烂！

别，别，我们也是被逼无奈！

我放你们走，再不要跟着石矶干坏事了，懂吗？

石矶！你恶贯满盈，不思悔改，就要大难临头了！

少来说教！有本事就放马过来吧！

早知道你会来的！

水克火，我们去！

小龙女！

当然！我怎么会撇下你呢？

哪吒，要小心！这里有大蟒！

哪来的大蟒？哈哈，早被我吓跑了！

当心！哪吒！

嘻嘻！快来，咱们骑大蟒去！

呼呼！

看！他们把石矶围住啦！我去帮你父王一把！

哪吒！

石矶，拿命来！

啊！完了，这个冒失鬼！

那吒，好样的！

哼！别高兴得太早！

住手！

龙珠能使贪婪的人原形毕露！

父亲，我明白啦！

他们人多势众，我要想想办法……

呀！

你潜质无限，更应该精修武艺，磨练心性！

英雄是靠大家帮助的，没有众人齐心协力，能成为真英雄吗？

不用学了，师父！我现在已经是人人称赞的小英雄啦！

说得也是！我去！

小猪熊呢？

嘿嘿嘿……